© Éditions ATLAS 2009
Comité de direction : Olivier Izard (directeur de publication)

Conception et direction éditoriale : Alexandre Grenier
Auteurs : Alexandre et Benoît Grenier
Illustrations : HCA
Direction artistique et réalisation : jeanlouis Packard

Loi N° 49-956 du 16 juillet 1949 sur les publications destinées à la jeunesse
Édité par ÉDITIONS ATLAS, rue de Cocherel, 27000 Évreux
NE PEUT ÊTRE VENDU SÉPARÉMENT
Imprimé en RPC
ISBN : 978-2-7312-4434-2
Dépôt légal : 2ᵉ semestre 2009

Le camion de pompiers

 EDITIONS ATLAS *Jeunesse*

Prends place à bord, et partons à la

Sans moi, il serait impossible d'éteindre les incendies et de sauver les gens. Je suis puissant et robuste. Grâce à mon matériel, j'ai tout pour aider les pompiers... En fait, je suis moi aussi un véritable soldat du feu !

Sirène
Elle prévient de loin que les pompiers arrivent.

Cabine
C'est là que montent le chauffeur et les pompiers.

Hache
Il faut parfois casser des portes ou des fenêtres pour entrer dans une maison. C'est ce que les pompiers font avec la hache.

Pelle
Elle sert aux pompiers à jeter du sable sur les petits feux ou à déblayer les débris.

Réservoir
Il contient de grandes quantités d'eau. Ainsi, les pompiers n'ont plu qu'à brancher les lances dessus pour éteindre le feu.

Rouge
Les camions de pompiers sont toujours rouges afin qu'on les reconnaissent de loin pour les laisser passer.

Trousse de premiers secours
Elle est toujours rangée dans le camion. Elle permet aux pompiers de soigner les victimes en attendant de les conduire à l'hôpital.

découverte du camion de pompiers !

Gyrophare
Lorsqu'il clignote, les personnes savent qu'elles doivent laisser passer le camion de pompiers.

Lance
C'est elle qui permet aux pompiers de diriger les jets d'eau sur les flammes.

Dévidoires
Les tuyaux sont enroulés dessus. On peut ainsi les transporter au plus vite près du feu.

Échelle
Elle se déplie. Grâce à elle les pompiers peuvent aller chercher des personnes prisonnières d'un immeuble ou bien éteindre les flammes qui se trouvent en hauteur.

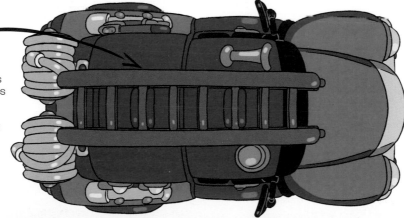

On nous appelle ! Vite, mon moteur

La sirène a retenti, tous les pompiers accourent et montent dans ma cabine. On est partis pour éteindre un incendie !

Dès que la sirène retentit,
les pompiers s'équipent rapidement
et grâce à un mât descendent directement
dans le garage où je suis garé,
toujours prêt à partir !

À peine arrivés, **les pompiers déroulent les lances à incendie,**
qui sont reliées au réservoir du camion.

Ils ouvrent
l'arrivée d'eau,
**les tuyaux
se remplissent.**

4

est en marche ! Partons !

Il ne leur reste plus qu'à ouvrir une de mes lances et **à viser les flammes** pour les éteindre.

Si les flammes se trouvent trop haut, **les pompiers déploient ma grande échelle.**

Un pompier monte sur l'échelle avec sa lance **et éteint le feu du haut.**

Je suis utile tous les jours !

Pendant un incendie **dans un immeuble.**

Pour éteindre un **incendie de forêt.**

Pour sauver quelqu'un qui est **coincé en hauteur** ou pour empêcher la chute d'une cheminée.

Je suis fier de défiler le matin **du 14 juillet ...**

Pour éteindre le feu dans la rue **après un accident.**

... et de voir tous **les enfants venir m'admirer.**

Le nouveau camion est arrivé !

Comme tous les matins, Daniel, notre jeune pompier, prend un seau rempli d'eau, du savon et une éponge. Il va nettoyer le beau camion rouge qui aide les pompiers depuis de nombreuses années. Daniel y est très attaché, car, grâce à lui, ils ont pu éteindre de grands incendies et sauver beaucoup de gens avec sa grande échelle.

- Et voilà, tu es tout propre, mon beau, dit Daniel au camion.

- Bonjour Daniel, j'ai une grande nouvelle à vous annoncer, lui dit le chef. Notre caserne va recevoir un nouveau camion. Un tout nouveau modèle, plus grand, plus rapide et très moderne !

Daniel est content de cette nouvelle, mais il est un peu triste à l'idée de ne plus voir son bon vieux camion.

- Et qu'allons-nous faire de l'ancien ? demande-t-il un peu inquiet.

- Je pense qu'il sera envoyé à la casse, il nous a rendu beaucoup de services... mais il est grand temps de le remplacer, lui répond le chef avant de repartir.

Plus tard dans la journée, Daniel, de l'intérieur de la caserne, entend un bruit de moteur.

- Vroum, vroum...

Avec ses collègues, il se précipite dehors. Le nouveau camion vient d'arriver ! Tous le regardent avec de grands yeux, car il n'y a pas à dire, ce nouveau camion est très impressionnant. C'est un modèle de toute dernière génération. Il est équipé d'une très grande échelle, d'un énorme réservoir et, surtout, il est rapide, très rapide.

- Grâce à ce nouveau camion, nous pourrons aider les gens encore plus efficacement et plus rapidement, se réjouit le capitaine.

Sans perdre un instant, les pompiers se ruent sur le camion pour le découvrir. Daniel prend place derrière le volant.

- C'est vrai qu'il est fabuleux, s'exclame-t-il. Regardez-moi ce tableau de bord !

C'est alors que la sirène retentit. Une alerte !

- C'est la grande usine qui est en feu ! s'écrie le chef. Il faut vite aller l'éteindre, avant que le feu ne fasse exploser les cuves d'essence qui sont à proximité.

Sans perdre un instant, les pompiers prennent leur matériel et montent dans le nouveau camion. Avant de partir, Daniel jette un dernier regard sur son vieux compagnon, qui reste dans la cour de la caserne. Il démarre le puissant engin, allume le gyrophare et fait retentir la sirène avant de s'élancer dans les rues de la ville.

D'immenses flammes grimpent le long de l'usine et se rapprochent dangereusement d'une cuve.

- Si la cuve prend feu, tout peut exploser, explique l'un des pompiers. Il n'y a pas une seconde à perdre.

Pour atteindre les flammes qui se trouvent sur le toit, il faut déplier la grande échelle.

Daniel se met aux commandes, et cette dernière monte, haut, très haut, au-dessus de l'incendie. Des pompiers armés de leurs lances grimpent dessus et commencent à attaquer les flammes. Tout le monde fait de son mieux pour les empêcher d'avancer.

Hélas, le vent se met à souffler, et les flammes se rapprochent dangereusement des cuves. Il faut faire quelque chose vite, mais quoi ?

- Nous ne pouvons pas nous arrêter, nous avons besoin du camion ici, s'exclame un pompier.

Soudain, Daniel a une idée. Je reviens dit-il. Il monte dans la voiture du chef et s'en va. Alors que les pompiers ont de plus en plus de mal à repousser les flammes et que la cuve menace de prendre feu,

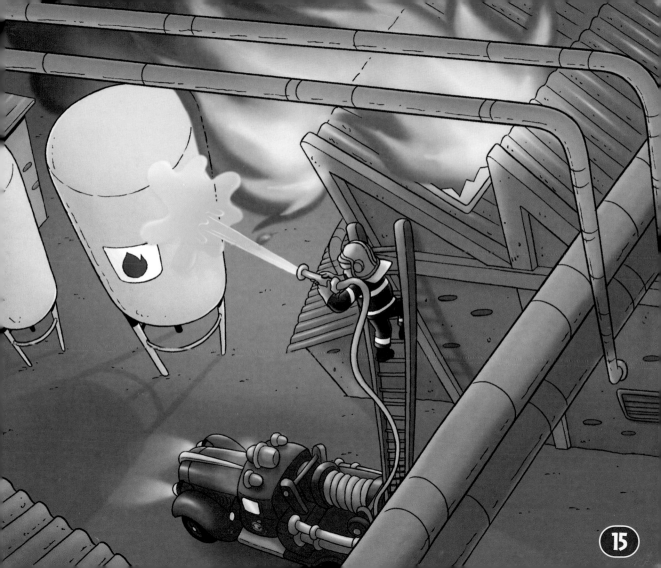

ils entendent un bruit qu'ils connaissent bien.

- Pin-pon ! Pin-pon ! Pin...

Ils se retournent et voient Daniel au volant... de l'ancien camion. Il se gare près de la cuve, déplie l'échelle, attrape une lance d'incendie et, placé au-dessus de la cuve, arrose les flammes.

- Bravo ! lui crie le chef. Encore une chance que notre vieux camion ne soit pas déjà parti à la fourrière.

Tous ensemble, les pompiers finissent d'éteindre l'incendie. L'usine est sauvée, la cuve aussi. Ils se félicitent et repartent. Daniel, lui, conduit une dernière fois son vieux camion, alors qu'un de ses collègues ramène le nouveau.

Une fois à la caserne, le chef félicite Daniel.

- J'ai décidé que notre vieux camion sera l'emblème de notre caserne. Nous pourrons ainsi mieux faire découvrir notre métier aux enfants.

- Génial ! s'écrie Daniel.

Fin

Une journée bien occupée !

Bonjour !
Vous me reconnaissez ?
Je suis rouge, j'ai une grande échelle sur le dos, un gyrophare qui clignote et une sirène qui fait pin-pon.

Oui, je suis le camion des pompiers. Et vous croyez que je dors toute la journée dans mon garage ? Vous vous trompez, je n'arrête pas !

De bonne heure le matin, Daniel, qui est mon copain pompier, vient s'assurer qu'il ne m'est rien arrivé pendant la nuit. Il m'examine sur toutes les coutures !

Puis, c'est ma toilette. Il me sort dans la cour et m'asperge au jet d'eau dans les moindres recoins. Rien ne lui échappe ! Du toit à mes roues, il me frotte jusqu'à ce que je sois tout brillant.

Puis vient l'heure de mon déjeuner. À la pompe, Daniel me remplit d'une grande dose de gas-oil. Miam ! Me voici prêt au cas où...

Justement, la sirène retentit et en quelques secondes tout le monde me saute dessus. Daniel met mon moteur en marche et nous voilà partis...

... à travers la ville ; je fonce avec mon gyrophare allumé, mes phares éclatants et ma sirène stridente. Je me fraie un chemin dans la circulation. « J'suis pressé, laissez-moi passer ! »

Une lueur au loin, un immeuble en feu ! Lorsque j'arrive les gens m'acclament ! Vite mon échelle, mes tuyaux, ma citerne... et en deux temps, trois mouvements le feu est éteint !

Enfin, je vais rentrer au garage... Mais non, encore un appel ! Vite, je retraverse la ville pour une nouvelle mission.

En voulant aller chercher son chat sur un toit une petite fille est restée coincée sur une corniche !

« Ne pleure pas, avec ma grande échelle on va te sortir de là ! » Et hop ! blottie dans les bras de Daniel la petite fille, et son chat, retrouve sa maman.

Ah, enfin, nous prenons le chemin du retour pour... Driiiiing ! Un nouvel appel ! Cette fois-ci on nous signale un début d'incendie dans la forêt du Bois-Joli ! Vite, vite avant que tout s'embrase !

Catastrophe, je n'ai plus d'eau !
Heureusement, sur la route il y a une maison
avec une piscine ! Le temps de la vider pour
remplir ma citerne et me voici à pied d'œuvre !

Les flammes lèchent mes pneus, il était temps d'arriver.
Daniel et ses amis pompiers branchent les tuyaux et
combattent l'incendie avec fougue. Le voici qui recule,
et bientôt il s'éteint.

Quelle journée ! Là, ça y est, on rentre...
quand soudain le téléphone sonne
de nouveau ! Ouf ! c'est Gaston qui appelle :
le souper est prêt à la caserne, dépêchons-nous !
D'autant plus que moi aussi j'ai faim !

Avec toutes ces interventions mon réservoir est à sec
et mes pneus me font mal. Il est grand temps pour moi
de retrouver mon garage. Alors, vous pensez toujours
qu'être camion de pompiers c'est de tout repos ?
Bonne nuit, et à demain pour de nouvelles aventures !

À toi de jouer !

Ça y est ! Tu connais parfaitement le camion des pompiers ! À toi de le manœuvrer !

A Quand on voit ma lumière bleue qui clignote on sait que j'arrive !

B Je fais « pin-pon » ! pour que tout le monde s'écarte !

C Je sers à ouvrir les portes.

D Avec moi on déblaie les gravats ou l'on jette du sable sur certains feux.

E En me tournant, l'eau coule dans les tuyaux.

F Je sers à transporter l'eau jusqu'à la lance.

G Mon jet puissant sert à éteindre les incendies.

H Avec moi on peut atteindre les étages élevés.

I Je contiens tout ce qu'il faut pour soigner les blessés.

RETROUVE L'OBJET QUI CORRESPOND À CHAQUE DÉFINITION

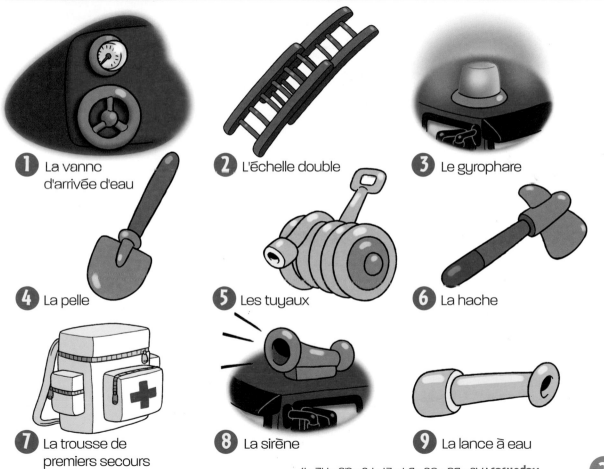

1 La vanne d'arrivée d'eau

2 L'échelle double

3 Le gyrophare

4 La pelle

5 Les tuyaux

6 La hache

7 La trousse de premiers secours

8 La sirène

9 La lance à eau

... Retour au garage pour un repos bien mérité !